Umbanda

UM CAMINHO PARA A ESPIRITUALIDADE

Ademir Barbosa Júnior
(Dermes)

Umbanda

UM CAMINHO PARA A ESPIRITUALIDADE

© 2014, Editora Anúbis

Revisão:
Tânia Hernandes

Diagramação e capa:
Edinei Gonçalves

Dados Internacionais de Catalogação na Publicação (CIP)
(Câmara Brasileira do Livro, SP, Brasil)

Barbosa Júnior, Ademir
  Umbanda: um caminho para a espiritualidade/Ademir Barbosa Júnior (Dermes). -- São Paulo: Anúbis, 2014.

  ISBN 978-85-67855-01-1

  1. Espiritualidade 2. Umbanda (Culto) 3. Umbanda (Culto) - Rituais I. Título.

14-01853   CDD-299.60981

Índices para catálogo sistemático:
1. Umbanda e a espiritualidade : Religiões afro-brasileiras   299.60981

Apoio

São Paulo/SP – República Federativa do Brasil
Printed in Brazil – Impresso no Brasil

Este livro segue as novas regras do Acordo Ortográfico da Língua Portuguesa.

Os direitos de reprodução desta obra pertencem à Editora Anúbis. Portanto, não é permitida a reprodução total ou parcial desta obra, de qualquer forma ou por qualquer meio eletrônico, mecânico, inclusive por meio de processos xerográficos, incluindo ainda o uso da internet, sem a permissão expressa por escrito da Editora (Lei nº 9.610, de 19.2.98).

Distribuição exclusiva
Aquaroli Books
Rua Curupá, 801 – Vila Formosa – São Paulo/SP
CEP 03355-010 – Tel.: (11) 2673-3599
atendimento@aquarolibooks.com.br

"O meu peito é uma esteira onde a paz se deitou."

(Zeca Pagodinho)

Sumário

Introdução 11
Juntos, somos mais fortes 13
Holismo 15
Ecumenismo e diálogo inter-religioso 19
Valorização da vivência/experiência pessoal . 23
Fé e cotidiano: a concretude da fé 25
Fé e ciência: uma parceria inteligente. 27
Simplicidade 29
Leitura e compreensão do simbólico 31
Cooperativismo 33
Liderança: autoridade não rima com
    autoritarismo 35
O exercício do livre-arbítrio 37

Cambone e a arte de ser gentil 39
As crianças e a Umbanda 45
Reiki no terreiro: pode? 49
Sobre o Hino da Umbanda. 53
    Hino da Umbanda 53
O quê? Um Orixá chamado Okê? 57
    Babá Okê 58
Materialização: fenômeno do algodão 59
Desejo: sublimação ou transcendência 63
Espiritualidade e ego sutil 67
    A conta não fecha 71
    Virado pra Lua 72
Quimbanda e Quiumbanda 75
    Quimbanda 75
    Quiumbanda 77
Agô 79
Saudações 81
A esquerda na Umbanda 83
    Exus. 86
    Exu Mirim 89
    Pombogiras 89
Umbanda 93
    Vocábulo 93

Religião	94
Fundação	95
Candomblé	104
Formação	107
Primeiros terreiros.	111
Orin Opé	115
Corte (sacrifício ritual)	117
Sangue Vermelho	120
Sangue Branco	121
Sangue Preto	121
Homossexualidade.	127
Por que há muitos homossexuais na Umbanda e no Candomblé?	127
Como é o casamento na Umbanda e no Candomblé?	128
Por que há casas de Umbanda em que médium masculino não incorpora entidade com energia feminina?	129
Por que temer a Umbanda?.	131
Primitivo? É a mãe.	133
Natal: o despertar do Cristo interior	135
O autor	139

Introdução

Este livro traz algumas reflexões sobre a Espiritualidade das Religiões de Matriz Africana, notadamente da Umbanda e do Candomblé. São pequenos artigos disponibilizados em sítios na internet, notas de palestras e bate-papos, trechos de alguns de meus livros.

Como o tema é amplo e toca a alma humana, independentemente de segmento religioso, acrescentei dois textos que não se referem especificamente às Religiões de Matriz Africana, porém complementam os demais: "Materialização: fenômeno do algodão" e "Espiritualidade e ego sutil".

Espero que, ao ler o livro, o leitor se sinta tão à vontade como se pisasse num terreiro acolhedor.

Com os votos de muito Axé,

Ademir Barbosa Júnior
(Dermes)

Juntos, somos mais fortes

É fato que as Religiões de Matriz Africana são alvo de preconceito, discriminação e intolerância, em vários níveis, por grande parte da sociedade. Contudo, o que mais fere e enfraquece é a desunião entre irmãos.

Enquanto umbandistas pensarem e declararem: "Eu não gosto do Candomblé!" ou "Se o pessoal do Candomblé for, eu não vou..."; e, enquanto candomblecistas acreditarem e afirmarem: "A Umbanda é fraquinha..." ou "Essas umbandinhas que estão por aí...", dificilmente caminharemos juntos sob o manto branco de Oxalá.

Dias desses ouvi alguém dizendo a um irmão de outra casa: "Embora não seja a forma de sincretismo como o Orixá é tratado em nossa casa, gostaria de parabenizar...". Ora, como posso ir ao encontro de um irmão iniciando meu gesto com um "embora" ou um "apesar de"? Onde está o respeito à diversidade? Essa inconsciência me lembrou da fala de um amigo reverendo anglicano, que comentava o quanto é triste ver irmãos católicos romanos presentes em ordenações de reverendas anglicanas negando-se a participar da mesa da comunhão.

Aceitar e respeitar a diversidade não significa perder a identidade.

Umbandistas e candomblecistas, se vivenciarmos o respeito entre nós, o amor e o diálogo cidadão e legal (em todos os sentidos) certamente se propagarão em outras esferas.

Juntos, somos mais fortes.

Axé!

Holismo
(A Umbanda um caminho para espiritualidade I)

. . . .

Cada vez mais a compreensão do espiritual passa pela aceitação e pela integração com o terreno, o material, o concreto e, portanto, com o corporal e o mental. Na leitura holística (holos = todo), o corpo é um aliado – e não um inimigo, como tantas vezes foi considerado por grandes mestres espirituais, que, amorosamente, precisam ser compreendidos no contexto histórico no qual cada um viveu.

A mente, por sua vez, contribui e muito para o desenvolvimento espiritual à medida que os padrões de pensamento se encarregam de atrair ou repelir (concretizar ou não) situações em nossas vidas, vale dizer, para a criação do céu e/ou do inferno pessoal.

Em sintonia com o corpo e a mente, o espírito reitera a postura dialógica com o divino, consigo e com o outro. Afinal, se a espiritualidade prescinde momentos de solitude (não necessariamente de solidão), também evoca a convivência, a comunhão, a partilha – "Namastê" (o Deus que habita em mim saúda o Deus que habita em você).

Por ser uma religião ecológica, a Umbanda visa ao equilíbrio do trinômio corpo, mente e espírito, a saúde física, o padrão de pensamento e o desenvolvimento espiritual de cada indivíduo. Ecologia tem aqui o sentido de integração: com o corpo, com a mente, com a Espiritualidade, com o outro, com o ambiente. Uma postura ecológico-umbandista não se volta apenas para os cuidados com os pontos da natureza/pontos de força dos Orixás, Guias e Entidades, mas também para com o próprio corpo, o qual, se um dia vai se tornar pó, ainda não se tornou e, por isso, precisa sentir prazer e alegria, ser cuidado com equilíbrio, nutrido, fortalecido, acalentado etc.

Ademir Barbosa Júnior

"Tudo é uma questão de manter a mente quieta, a espinha ereta e o coração tranquilo." (Walter Franco)
Deixa a gira girar!

Ecumenismo e diálogo inter-religioso
(A Umbanda um caminho para a Espiritualidade II)
....

Além de ter suas portas abertas a todo e qualquer espírito (encarnado ou desencarnado) que deseje vivenciar a Espiritualidade de acordo com suas diretrizes, a Umbanda mantém fortes laços dialógicos com as mais diversas tradições religiosas e/ou espirituais, algumas das quais a influenciaram bastante em vários aspectos, dentre eles, a ritualística.

A própria diversidade da espiritualidade umbandista permite a coexistência de elementos aparentemente díspares, o que certamente fortalece o

Ecumenismo e o Diálogo Inter-religioso. Há, por exemplo, casas de Umbanda com fundamentos teológicos, digamos de maneira bem simples/simplória, próprios, enquanto outras rezam o terço com os mistérios baseados nos dogmas católicos e/ou se utilizam do Credo Católico, onde se afirma a fé na Igreja Católica (conforme indicam Guias, Entidades e a própria etimologia, leia-se "católica" como "universal", isto é, a grande família humana), na Comunhão dos Santos, na ressurreição da carne, dentre outros tópicos da fé católica. Isso em nada invalida a fé, o trabalho dos Orixás, das Entidades, das Egrégoras de Luz formadas pelo espírito, e não pela letra da recitação amorosa e com fé do Credo Católico.

Embora chamada popularmente de Religião de Matriz Africana, na realidade, a Umbanda é um sistema religioso formado de diversas matrizes, com vários elementos cada:

- Africanismo. Elementos mais conhecidos: culto aos Orixás, trazidos pelos negros escravos, em sua complexidade cultural, espiritual, medicinal, ecológica etc.; culto aos Pretos-Velhos.

- Cristianismo. Elementos mais conhecidos: uso de imagens, orações e símbolos católicos.
- Indianismo. Elementos mais conhecidos: pajelança; emprego da sabedoria indígena ancestral em seus aspectos culturais, espirituais, medicinais, ecológicos etc.; culto aos caboclos indígenas ou de pena.
- Kardecismo. Elementos mais conhecidos: estudo dos livros da Doutrina Espírita, bem como de sua vasta bibliografia; manifestação de determinados espíritos e suas egrégoras, mais conhecidas no meio Espírita (como os médicos André Luiz e Bezerra de Menezes); utilização de imagens e bustos de Allan Kardec, Bezerra de Menezes e outros; estudo sistemático da mediunidade; palestras públicas.
- Orientalismo. Elementos mais conhecidos: estudo, compreensão e aplicação de conceitos como prana, chacra e outros; culto à Linha Cigana (que em muitas casas vem, ainda, em linha independente, dissociada da chamada Linha do Oriente).

Umbanda – Um caminho para a espiritualidade

Por seu caráter ecumênico, de flexibilidade doutrinária e ritualística, a Umbanda é capaz de reunir elementos os mais diversos, como os sistematizados anteriormente. Esse movimento agregador é incessante: como a Umbanda permanece de portas abertas aos encarnados e aos espíritos das mais diversas origens étnicas e evolutivas, irmãos de várias religiões chegam aos seus templos em busca de saúde, paz e conforto espiritual, bem como outras falanges espirituais juntam-se à sua organização. Vale lembrar que a Umbanda não cultiva o proselitismo.

Deixa a gira girar!

Valorização da vivência/experiência pessoal
(A Umbanda um caminho para a espiritualidade III)
· · · · · · ·

Embora tenha uma teologia própria e, em virtude do forte sincretismo, por vezes ainda vivencie pontos doutrinários de outras tradições religiosas e/ou espiritualistas, a Umbanda valoriza a experiência pessoal (concepções, opiniões, formas de vivenciar a espiritualidade etc.), respeitando o livre pensamento e irmanando a todos em seus rituais e nas mais diversas atividades caritativas, de modo a respeitar as diferenças, sem tratá-las ostensivamente como divergências. Deixa a gira girar!

Fé e cotidiano: a concretude da fé
(A Umbanda um caminho para a Espiritualidade IV)
....

Fortemente marcada pela Ecologia, a Umbanda convida a todos a vivenciar sua fé no cotidiano, cuidando do próprio corpo, do meio ambiente, vivenciando relações saudáveis etc. Exemplo: cultuar o Orixá Oxum é, ao mesmo tempo, um convite para se viver amorosamente o cotidiano, de forma compassiva, e utilizar os recursos hídricos de maneira consciente (escovar os dentes com a torneira fechada, não jogar lixo nas águas etc.).

A gira literalmente prossegue no cotidiano. Negar a vivência holística da irradiação, da sabedoria e da conexão com os Orixás representa um enfraquecimento da experiência e da aproximação com o Espiritual. Nesse contexto, o *re-ligare* se daria apenas de maneira parcial, sem a plenitude do aprofundamento que a espiritualidade de Umbanda traz ao filho de fé, plenitude essa que abarca tanto as luzes quanto as sombras de cada um, vale dizer, os pontos positivos e os negativos, as virtudes e os aspectos difíceis do indivíduo.

Assim como o coração grandioso de Oxalá, o coração de cada um pode ser um congá perfumado de bom incenso, iluminado e cheio de flores, pronto a acolher cada irmão que dele se aproxime.

Deixa a gira girar!

Fé e ciência: uma parceria inteligente
(A Umbanda e a Espiritualidade no Terceiro Milênio V)
....

Allan Kardec, Dalai Lama e outros líderes fazem coro: se a Ciência desbancar algum ponto de fé, sem dúvida, a opção é ficar com a Ciência.

A Umbanda possui fundamentos próprios, de trabalhos religiosos, energéticos, magísticos, contudo os mesmos não devem confundir-se com superstição e obscurantismo. Por outro lado, sua Alta Espiritualidade, muitas vezes ensinada de maneira analógica/simbólica, é cotidianamente explicada pela Ciência, na linguagem lógica/racional. A medicina dos

Pretos-Velhos, por exemplo, é complementar à do médico com formação universitária, e vice-versa: ambas dialogam, não se excluem.

Deixa a gira girar!

Simplicidade
(A Umbanda e a Espiritualidade no Terceiro Milênio VI)

A construção de templos, a realização de festas e outros devem visar à gratidão, ao entrelaçamento de ideais, ao conforto e ao bem-estar, e não à ostentação pseudo-religiosa, à vaidade dos médiuns e dos dirigentes espirituais. Mestre Jesus, que vem na linha de Oxalá, simbolicamente nasceu numa gruta e, posto numa manjedoura, fez do ambiente um local de grande celebração, envolvendo pastores e reis magos.

Deixa a gira girar!

Leitura e compreensão do simbólico

(A Umbanda e a Espiritualidade no Terceiro Milênio VII)

. . . .

Para vivenciar a espiritualidade umbandista de maneira plena, é preciso distinguir a letra e o espírito, no tocante, por exemplo, aos mitos e às lendas dos Orixás, aos pontos cantados e riscados etc.

Quando se desconsidera esse aspecto, existe a tendência de se desvalorizar o diálogo ecumênico e inter-religioso, assim como a vivência pessoal da fé.

O simbólico é um grande instrumento para a reforma íntima, o autoaperfeiçoamento, a evolução.

Deixa a gira girar!

Cooperativismo
(A Umbanda e a Espiritualidade no Terceiro Milênio VIII)

....

Numa comunidade, cada individualidade faz a diferença. Por essa razão, o cooperativismo não é vivenciado apenas em trabalhos que envolvam atividade física, mas também, por exemplo, na manutenção de padrão vibratório adequado ao ambiente e aos cuidados com a língua e a palavra, de modo a não prejudicar ninguém.

Deixa a gira girar!

Liderança: autoridade não rima com autoritarismo
(A Umbanda e a Espiritualidade no Terceiro Milênio IX)

....

Num terreiro, todos são líderes, cada qual em sua área de atuação, do irmão mais novo na casa ao dirigente espiritual. Essa liderança deve ser exercida amorosamente, a exemplo do Mestre Jesus, o qual, simbolicamente lavou os pés dos Apóstolos.

Deixa a gira girar!

O exercício do livre-arbítrio
(A Umbanda e a Espiritualidade no Terceiro Milênio X)

. . . .

A Umbanda não ensina a entrega do poder pessoal, da consciência e do livre-arbítrio nas mãos dos Orixás, dos Guias e Entidades ou dos dirigentes espirituais. A caminhada espiritual-evolutiva é única, pessoal e intransferível.

Deixa a gira girar!

importância de seu trabalho consciente, calcado no "Orai e vigiai." preconizado pelo Mestre Jesus.

Alguns exercem a função temporariamente, pois em breve começarão a incorporar. Outros, os que não incorporam, são convidados a exercê-la durante todo o tempo em que permanecerem no terreiro. Para cambonear com mais eficiência e devoção, é necessário ser gentil. Com os Orixás, Guias e Guardiões certamente é mais fácil. Mas com os próprios médiuns da casa nem sempre, em especial com aqueles que costumam ditar ordens durante as giras, a despeito das orientações já recebidas pelos cambones dos pais e mães ou dos próprios Orixás, Guias e Guardiões.

Por vezes, na ânsia de auxiliar (ou mostrar serviço...), irmãos menos esclarecidos desconcentram os cambones, até mesmo empurrando-os. Se o cambone perder a paciência, certamente baixará o padrão vibratório do lugar. Uma sugestão bem prática para esses casos é deixar para chamar depois da gira a atenção do irmão que atrapalhou. Quando isso não é possível, discretamente deve-se avisá-lo de que está atrapalhando. Para a assistência, o cambone é o espelho da casa, pois distribui senhas, encaminha os

Cambone e a arte de ser gentil
....

Todos somos médiuns. Evidentemente, não de psicografia ou de incorporação, por exemplo. Mas todos somos canais de contato com outros planos, atraindo espíritos benfazejos e energias positivas, ou espíritos menos evoluídos e energias negativas.

Tudo depende do canal, isto é, de nós mesmos. Num terreiro de Umbanda, o cambone (também conhecido como o cambono/a cambona) constitui-se numa das sustentações da gira, assim como os pontos cantados, os toques e outros elementos. Daí a atendimentos e se comporta com discrição durante os passes e as consultas. Veja-se a importância de receber amorosamente a todos, sem distinção. E também com firmeza (o que não exclui a amorosidade) para se evitar tumulto, barulho e outros que possam atrapalhar a gira.

Durante os trabalhos, o cambone deve estar atento a tudo: ao gesto de um Guia o chamando, a alguma das crianças que possa ter ido ao banheiro sem ter avisado algum adulto, à porta do terreiro (se não há ninguém lá fora atrapalhando ou "vistoriando" veículos) etc. Enquanto percorre a casa com os olhos, certamente cantará pontos, baterá palmas, em colaboração com o coro/os Ogãs, uma vez que os demais médiuns estarão incorporados ou em desincorporação.

As funções do cambone nos recordam que, em Espiritualidade, todo trabalho consciente e sincero é bem-vindo. Um terreiro sem um pai ou uma mãe consciente caminhará com dificuldade. O mesmo pode-se dizer de um terreiro em que os cambones se deixem levar pelo orgulho, pela falsa modéstia, pela fofoca, pela indiscrição. Mestre Jesus lavou os pés dos discípulos, a nos lembrar de que,

Umbanda – Um caminho para a espiritualidade

em Espiritualidade, função (Babá, Ogã, Cambone etc.) é serviço, não distinção.

O contato constante e direto com os Orixás, Guias, Guardiões (não importa!) é motivo de experiências amorosas, alegres e divertidas (a despeito de que, infelizmente, líderes religiosos nem sempre sejam bem-humorados, confundindo seriedade com sisudez, embora a Espiritualidade amiga caminha em outro sentido.).

Lembro-me de uma médium que não levava para as giras os charutos pedidos por seu Caboclo, por seu Baiano etc., mas sim de outra qualidade. Como cambone, eu já lhe havia avisado, em particular. Numa gira, o Baiano e eu tentamos fazer o charuto "funcionar". Depois de aceso, o Baiano me pediu para dar uma batidinha.

Concentrado no charuto, dei umas batidinhas no charuto, ao que ele me disse: "Não, aquela batidinha de beber!". A cada gira, uma nova aventura...

O termo cambone/cambono vem de Tata Cambono, o Ogã responsável, em terreiros bantos/Nação Angola, por dirigir a orquestra e puxar os cânticos. Aliás, na informalidade do vocabulário plural dos terreiros de Candomblé, já encontrei "Cambono" como o sinônimo "Angola" de Ogã, independentemente da função específica.

As crianças e a Umbanda

A participação das crianças na Umbanda pode e deve ser bastante ativa. Além de elas se sentirem em casa em todas as atividades do terreiro, em especial nas giras, todos os Orixás e guias as tratam com carinho, respeito e deferência. E não podia ser diferente, uma vez que o Mestre Jesus pediu que sempre deixássemos chegar pertinho dEle as crianças.

Estabelecer limites para as crianças não significa tolher sua liberdade. Se hoje estão numa casa de Umbanda e amanhã, já adultos, resolvem deixá-la, não há problema algum: levarão com elas a força dos Orixás, os ensinamentos éticos, a firmeza dos sacramentos recebidos e dos trabalhos de que tenham participado.

Vale lembrar: o livre-arbítrio é um de nossos maiores dons, e as portas de uma casa de Umbanda estão sempre abertas, não apenas para entrar, mas também para sair quando a caminhada espiritual de cada um (ou mesmo outra razão) assim determinar.

Para que as crianças se sintam ainda mais à vontade na casa, é importante combinar algumas atividades específicas com elas: dinâmicas de grupo, dramatizações, jogos e brincadeiras, música (incluindo toque) e outros.

Recentemente, no Templo de Umbanda Caboclo Pena Branca e Mãe Nossa Senhora Aparecida, em Piracicaba (São Paulo), preparamos juntos (crianças, adolescentes, adultos e eu) uma apresentação para a Festa dos Baianos, que aconteceu no dia 20 de novembro de 2010. Foi o primeiro passo para um projeto cultural mais amplo que a casa começa a desenvolver.

Em linhas gerais, a homenagem ao Senhor do Bonfim (O mote da apresentação foi: Homenagear o Senhor do Bonfim é homenagear a Linha dos Baianos.) contou com uma pequena entrada, em que os meninos cantaram "Ilha de Maré", como se fosse numa Lavagem. Todos foram acolhidos pelo Seu Zé Pelintra, que estava em terra (um dos adolescentes estava caracterizado como Seu Zé). Em seguida, cantaram "Oni Saurê", "Toda sexta-feira todo mundo é baiano" e o "Hino do Senhor do Bonfim". Os adultos ficaram encantados, emocionados. Durante a festa, fitinhas do Senhor do Bonfim foram distribuídas aos médiuns e à assistência.

Pretendemos, ainda, implementar juntos (dirigentes espirituais, diretoria, voluntários e eu) o projeto cultural da casa e viabilizar a apresentação das crianças e dos adolescentes nas festas do terreiro, além de também oferecer oficinas e workshops para irmãos de outros terreiros que desejem coordenar atividades semelhantes com os meninos de suas casas.

Oni Ibejada! Que as crianças de lá e de cá nos ajudem sempre a viver a vida com mais leveza, alegria e esperança. Afinal, brincar é atividade que exige concentração, comprometimento, entrega.

Reiki no terreiro: pode?

Pode e deve! Para o bem-estar dos médiuns e da própria assistência.

Reiki é um amoroso trabalho energético, de caráter holístico. Não é filosofia nem religião, adequando-se, portanto, a todas as crenças, de modo ecumênico e acolhedor. Cada vez mais líderes religiosos se iniciam no Reiki, alguns até mesmo tornando-se mestres e conduzindo as próprias iniciações.

Muitos médiuns de Umbanda são reikianos, vários trabalhando como terapeutas holísticos. Diversos templos oferecem aplicações de Reiki como trabalho energético complementar, em dias e horários especiais. Tenho a grata alegria de ter iniciado irmãos de Umbanda e do Candomblé, inclusive dirigentes espirituais.

Pelo fato de o Reiki promover a energização e favorecer o autoconhecimento, não apenas na autoaplicação, mas na aplicação em pessoas, ambientes, plantas, animais e outros, o reikiano é sempre beneficiado pela manipulação de energia.

"Reiki", em tradução livre, significa "ser um canal da Energia Cósmica". O vocábulo também é empregado para referir-se ao sistema difundido por Mikao Usui e, posteriormente, por outros mestres, linhagens e sistemas.

Em linhas gerais, no Ocidente, o Reiki é dividido em três níveis: Nível I – O Despertar (com destaque para aplicações presenciais); Nível II – A Transformação (com ênfase nas aplicações à distância); Nível III – A Realização (com foco na aplicação em coletividades) e Mestrado (preparação e sintonização para iniciar outras pessoas). A cada nível ocorre uma iniciação/sintonização muito amorosa. Trata-se de uma experiência única, pessoal.

Ademir Barbosa Júnior

Desde 2005 tenho conduzido várias iniciações. Como tenho alma cigana, as mesmas têm acontecido em diversos espaços e municípios. Utilizo material próprio, livros escritos por mim após pesquisa detalhada. Fico extremamente feliz ao saber que outros mestres também os têm utilizado em seus cursos.

Sobre o Hino da Umbanda

....

Hino da Umbanda

Refletiu a Luz Divina
Com todo seu esplendor
É do reino de Oxalá
Onde há paz e amor

Luz que refletiu na terra
Luz que refletiu no mar
Luz que veio de Aruanda
Para tudo iluminar

Umbanda – Um caminho para a espiritualidade

A Umbanda é paz e amor
É um mundo cheio de Luz
É a força que nos dá vida
E à grandeza nos conduz.

Avante, filhos de fé
Como a nossa lei não há
Levando ao mundo inteiro
A bandeira de Oxalá.

· · · · · · ·

O Hino da Umbanda, cantado em quase todas as casas (no início ou no final das giras, bem como em ocasiões especiais), foi composto por José Manuel Alves, o qual, em 1960, procurou o Caboclo das Sete Encruzilhadas, em Niterói, vindo de São Paulo, desejoso de ser curado da cegueira, o que não aconteceu, em virtude de compromissos cármicos de José Manuel.

Tempos depois, José Manuel tornou a procurar o Caboclo das Sete Encruzilhadas e lhe apresentou uma canção em homenagem à Umbanda, tomada pelo Caboclo como Hino da Umbanda. Em 1961 o Hino foi oficializado no 2º Congresso de Umbanda.

O Hino sintetiza as características gerais da Umbanda, bem como sua missão. A Umbanda vem do plano espiritual para iluminar e acolher, vem na linha de Oxalá, sob as bênçãos do Mestre Jesus, para fortalecer a todos e auxiliar a cada um a desenvolver o Cristo interno.

No acolhimento que faz a encarnados e desencarnados, a Umbanda convida a todos a encontrar a paz individual e coletiva. O exercício do amor em todos os níveis, a verdadeira caridade que não se reduz apenas ao assistencialismo, vibra em consonância com os ensinamentos do Mestre Jesus.

A mensagem de Umbanda estende-se pela terra e pelo mar, abençoada e orientada pelos Orixás. Trilha espiritual e religião ecológica, valoriza a magia e o poder dos elementos em favor do equilíbrio e da evolução de cada um e do planeta. A luz (fogo) vem de Aruanda (ar, dimensões), reflete na terra, no mar (água) e disponibiliza-se a todos: a mesma luz que brilha em Aruanda (plano espiritual elevado), brilha também, guardadas as proporções e adequações a cada plano e a cada indivíduo, para todo espírito, encarnado ou desencarnado.

Dentre as práticas da Umbanda não está o proselitismo. Por isso as portas dos templos estão sempre abertas a todos, sem distinção. Há quem prefira participar de algumas giras, receber conselhos, sugestões, Axé e voltar agradecido para sua casa, sua religião, suas práticas espirituais.

A lei da Umbanda é o amor/a caridade e, de fato, como essa lei (evidentemente, não exclusiva à Umbanda), não existe outra. Nesse sentido, levar ao mundo inteiro a bandeira de Oxalá significa compartilhar no cotidiano, nas mais diversas circunstâncias, o amor e a paz, não forçar alguém/o mundo à conversão ou ao comparecimento a giras (o que, aliás, nenhum umbandista consciente faz), nem tentar impor "a minha" Umbanda como "verdadeira". A graça da Umbanda está na diversidade. Se conjugo "a minha" Umbanda à "sua", à "dele", à "dela", juntos, teremos UmBanda.

Que a bandeira de Oxalá cubra a todos nós, auxiliando a cada um a cultivar o Cristo interno! Que o Hino da Umbanda vibre sempre em nossos corações!

O quê? Um Orixá chamado Okê?

Vários Orixás tiveram seus cultos (praticamente) perdidos e/ou amalgamados com outros Orixás. No Brasil, esse é o caso de Okê (não confundir com a saudação a Oxóssi), Orixá das montanhas, das colinas, dos pontos altos. Guardião dos outros Orixás, é sincretizado em Cuba com São Tiago Apóstolo, padroeiro da Espanha.

Segundo a mitologia/teogonia iorubana, no princípio havia apenas água no mundo, sendo governado por Olocum (mar). Então, Oraniã (filho de Odudua, um dos princípios da criação), pela força recebida de

Olofim (aspecto criador do Deus Supremo, já cansado de tanta água), fez surgir do fundo do oceano uma montanha de terra (Okê), onde foi possível desenvolver-se a vida. Nessa montanha, Olofim reuniu os Orixás e determinou a cada um quais seriam seus domínios.

Babá Okê

Pelo fato de a Igreja do Senhor do Bonfim, em Salvador, estar localizada numa colina, Oxalá/Senhor do Bonfim é também chamado de "Babá Okê", isto é, "pai/senhor da colina".

Materialização: fenômeno do algodão

No dia 07 de janeiro de 2011 estive com um casal de amigos em Votuporanga para conhecer a Estância Casa Caminho e Luz e o trabalho da médium Edelarzil Munhoz Cardoso, célebre pelas materializações popularizadas como "fenômeno do algodão".

Em linhas gerais, os trabalhos se iniciam com a entrada dos visitantes, em fila.

Cada um é benzido/cruzado por Dona Edelarzil, enquanto são recitadas orações (As mesmas que compõem a trezena que cada consulente deverá rezar.). A seguir inicia-se uma palestra, em que a médium explica a natureza de seu trabalho e fala sobre as materializações, não apenas como manifestações de trabalhos encomendados e energias negativas enviados por outras pessoas, mas como resultado dos pensamentos, das posturas, das atitudes de cada um.

Então, cada consulente se dirige à frente da sala de orações, com sacolinhas (para si e para pessoas que representa), enquanto Dona Edelarzil começa a retirar do monte de algodão objetos materializados, os quais representam problemas/bloqueios, conforme explica uma lista previamente preparada (Quando algum objeto materializado não se encontra na lista, Dona Edelarzil ou os colaboradores da casa orientam os consulentes.). O ambiente é de silêncio e concentração. As sacolas com os objetos devem ser entregues aos colaboradores da casa.

Horas antes do início dos trabalhos, após a distribuição das senhas, os consulentes picam com as mãos os rolos de algodão e os colocam em caixas, em exercício de preparação/meditação, enquanto ouvem CDs com músicas calmas ou mensagens espirituais, parábolas, textos motivacionais. O ambiente é de acolhimento fraterno e de solidariedade.

Dona Edelarzil deixa claro, em especial no caso da trezena, que a postura de oração é muito importante. Quem, por alguma razão, não puder rezá-la, que ore de outra maneira. Também ressalta que não adianta recitá-la maquinalmente. Creio que, como em outros casos, a trezena funcione como uma chave, sendo uma egrégora de força, de luz. As orações poderiam ser outras, mas a fé e a intenção são insubstituíveis. Tenho feito a trezena com fé e gratidão.

A respeito dos objetos materializados, alguns exemplos:

- "Cerâmica" – Confusão mental."
- "Colher – Deixar a pessoa perturbada, sem apetite e indisposta a tudo."
- "Farofa – Oferta para Exu, mexer com a vida."
- "Perfume – Trabalho para Pomba-gira."

Certamente o "Exu" e a "Pomba-gira" que constam da lista não são os Guardiões, os trabalhadores que, não apenas na Umbanda, mas em toda tradição espiritual/religiosa, atuam pelo Bem e pela Luz em ambientes e situações adversos, com nomes e características os mais variados. Popularmente, como os umbandistas sabemos, "Exu" e "Pomba-gira" são sinônimos de espíritos zombeteiros e/ou que praticam maldades, ou seja, "quiumbas". Amorosamente fica o convite aos irmãos que assim pensam e/ou se utilizam dessa terminologia para conhecerem, ao menos um pouquinho, a respeito de Exu e de Pomba-gira (Laroiê, com gratidão, alegria e respeito!).

A respeito do fenômeno de materialização existe vasta bibliografia especializada e muitas oportunidades de observação e estudo de campo. No caso de Dona Edelarzil, a materialização é um amoroso trabalho feito pela Espiritualidade Amiga, por meio da médium, para limpeza energético-espiritual.

Acredito que todos os consulentes sintam-se gratos à Dona Edelarzil, à Espiritualidade Amiga, à equipe de colaboradores, bem como àqueles que lhes falam da Estância e/ou os acompanham neste encontro de paz e luz.

Estância Casa Caminho e Luz

Rodovia Euclides da Cunha, Km 513 – Caixa Postal 122 – CEP: 15500-000 – Votuporanga – SP – Fone/Fax: (17) 34225395.

Desejo: sublimação ou transcendência
....

Em diversos momentos da História, em várias tradições espirituais e/ou religiosas, o desejo foi considerado como inimigo da caminhada espiritual (refiro-me principalmente ao desejo sexual). Mesmo grandes mestres, que precisam ser compreendidos no contexto histórico-social em que encarnaram, enxergavam o corpo em si como um entrave à evolução espiritual, chegando a descurar da própria saúde/higiene e/ou a maltratar o corpo de formas ainda mais cruéis.

Neste milênio, cada vez mais o desejo é encarado também nas áreas da Espiritualidade e da Religião sob o viés holístico (equilíbrio entre corpo, espírito e mente), de modo a se vivenciar o que é natural com... naturalidade. Nesse contexto, a transcendência mostra-se mais saudável do que a sublimação.

De modo geral, sublimar significa colocar sob os pés ou sob o tapete o desejo latente, por vezes fingindo que não existe (Se não existe, por que trancafiá-lo?). O maior problema dessa atitude é que o desejo negado/reprimido geralmente se manifesta de maneira ainda mais forte, sem freios (Segundo Jung, tudo aquilo a que se resiste, persiste.). Por outro lado, transcender significa ir além, ultrapassar o ponto do desejo, reconhecendo-o, vivenciando-o com equilíbrio em vez de negá-lo.

Exemplo:

Numa gira, um médium nota uma mulher muito atraente na assistência.

Pensamento/atitude de sublimação: Não posso olhar para ela, vou me desconcentrar. Mas ela é tão bonita! Nossa, deve ser obsessão! Ai, meu Deus, estou numa gira, eu não deveria estar protegido contra essas coisas?

Pensamento/atitude de transcendência: Nossa, que mulher linda! Bem, mas agora não é hora de paquerar, não é mesmo? Melhor eu me concentrar na gira.

O exemplo, claro, é uma simulação. Os pensamentos geralmente são instantâneos. A atitude no caso de sublimação é nenhuma, perdida numa luta, muitas vezes angustiante. Já no caso de transcendência, não se negam as evidências (a mulher de fato é atraente), a consciência (atenção, foco, comando da situação) dá o tom de uma decisão e de uma atitude bem práticas: centrar-se e adequar-se ao momento, à gira.

• • • • • • •

Dois monges budistas celibatários chegaram à beira de um rio. Uma linda mulher pediu a um dos monges que a levasse nas costas para atravessar as águas, ao que ele assentiu com um sorriso. O outro monge ficou indignado: pelos votos rigorosos que fizeram, um monge jamais deveria tocar em uma mulher! Que dirá uma mulher como aquela!

Feita a travessia, a mulher desceu das costas do monge, agradeceu-lhe e seguiu o seu caminho. Os monges fizeram o mesmo, contudo o monge indignado, cada vez mais perplexo, não se conteve e disse ao companheiro:

– Isto não pode ser! Vou contar ao nosso superior que você carregou uma mulher nos ombros!

O outro respondeu:

– Irmão, eu a deixei na margem do rio. Você a está carregando até agora...

Espiritualidade e ego sutil
. . . .

O mundo da espiritualidade, das terapias holísticas e da religião é composto de seres humanos, portanto, passível de falhas. Segundo um mestre indiano, o ego sutil é o mais difícil de ser aceito, trabalhado, integrado. Além disso, existe uma grande tendência de fugir ao mundo cotidiano, telúrico, do corpo para vivenciar a espiritualidade, o que não seria nada holístico (corpo-mente-espírito).

Há um provérbio, não sei se cunhado por um mestre de ioga, segundo o qual mestres não são de açúcar. Costumo acrescentar: mas também não precisam ser amargos. Já ouvi/li dois mestres competentes de ioga brasileiros afirmarem que ninguém no país sabe mais dessa prática do que eles. Ao menos um dos dois está equivocado, não é?

Em meus contatos nas áreas de terapias holísticas, ecumenismo e diálogo inter-religioso tenho encontrado experiências de não-diálogo, as quais devem ser compreendidas com atentividade e compaixão. Certamente o(a) leitor(a) conhece ou vivenciou outras tantas, dolorosas e/ou divertidas.

Cito apenas três episódios a título de reflexão sobre a necessidade de diálogo e, ao mesmo tempo, de preservação da individualidade, do próprio espaço. De forma não muito amorosa, é verdade, aprendi muito com as interlocutoras das histórias, pois, muitas vezes, os melhores mestres são os que nos ensinam a como não ser. A elas, meu carinho, minha gratidão e o desejo de muita prosperidade.

"Quando perder tudo, não perca a lição."
(Dalai Lama)

Alguns reikianos e eu organizávamos um workshop com uma veterinária mestra em Reiki. Em um domingo de manhã recebi um recado de uma mestra em Reiki, com quem havia partilhado correspondência e a cujas perguntas havia respondido, segundo a qual não deveríamos divulgar o evento apenas pela internet, mas por outros meios.

Respondi a ela que a internet havia sido apenas um dos meios e que os interessados tinham sido exatamente pessoas de outras cidades ou de outro estado, tendo sido quase nula a procura de moradores locais pelo workshop. A interlocutora, depois de rebater meus argumentos, retrucou que era especialista em organização de eventos (Eu a conhecia como professora universitária, além de terapeuta holística.) e que eu precisava ser humilde e reconhecer que não havia divulgado direito.

Respondi amorosamente que às vezes os projetos não saem como desejamos, mas que o projeto do workshop em si havia sido muito importante para os envolvidos. Terminei meu texto com uma frase do Dalai Lama de que gosto muito: "Quando perder tudo, não perca a lição".

Foi a gota d´água: minha interlocutora começou a escrever que poderia citar uma biblioteca inteira, que eu não sabia escrever (Apontou erros e desvios gramaticais inexistentes, conforme pude conferir ao reler meu texto.) e que não merecia mas ela me daria dicas, perguntando-se como aquela discussão inútil poderia acontecer numa manhã de domingo.

Fiquei abalado, enviei-lhe mensagens, às quais ela respondeu com o mesmo "Você não merece, mas eu vou ensinar.", dizendo-me que eu dava muito valor à opinião dos outros. Nisso ela estava com a razão. Respondi que era verdade, que eu costumava ouvir a todo tipo de pessoa, mesmo as agressivas como ela. Pedi que não me mandasse mais mensagens daquele teor ou faria uma denúncia. Tentei conversar novamente com ela, noutros momentos, mas certamente sua agressividade não permitiu o diálogo.

Independentemente das atitudes de minha interlocutora, o que EU poderia ter feito para evitar confronto tão desgastante?

Não ter caído na armadilha de contra-argumentar a primeira fala dela. Isso teria bastado para evitar o confronto. Conforme uma amiga mestra em Reiki e psicóloga sustentou, certamente a interlocutora, que dizia preparar um livro sobre Reiki e outra terapia holística, continuaria a desconsiderar a mim e a minha imagem enquanto literalmente chuparia informações já publicadas sobre meu trabalho com Reiki.

A conta não fecha

Quando preparava um livro sobre Numerologia, tive a ingenuidade de postar uma pergunta pontual numa comunidade virtual sobre o tema. Havia dúvidas em materiais consultados, e eu gostaria de partilhá-las com os colegas.

Para minha surpresa, encontrei como resposta um comentário de uma numeróloga, segundo quem a pergunta era de iniciante e por isso (mensagem dirigida aos membros da comunidade), quando o livro dela estivesse pronto, todas as dúvidas seriam dirimidas.

Trocamos correspondência, na qual eu explicava a ela que, além de desnecessários os comentários como "você não entende do que está falando", as respostas dadas por ela não correspondiam àquilo de que eu tratava.

Agradeci, deixei a correspondência de lado e, num sítio português, encontrei as respostas que buscava, pude confrontar fontes e orientações, disponibilizando para meus leitores pontos convergentes e divergentes.

Independentemente das atitudes de minha interlocutora, o que EU poderia ter feito para evitar confronto tão desgastante?

O mundo virtual, assim como o "real", parece carecer de aprendizes. Todos são mestres, gurus, iluminados. Nunca mais postei perguntas publicamente em comunidades virtuais, restringindo o diálogo a interlocutores escolhidos a dedo, com quem concordo ou de quem discordo de modo amoroso e sem desqualificar ninguém.

Para um professor de Redação, que há anos trabalha técnicas de argumentação, incomodam bastante falácia, senso comum, lugar-comum, desqualificação de interlocutores e outros. Contudo, por que esperar que tais atitudes, tão humanas, não se apresentariam no campo das terapias holísticas, da espiritualidade, da religião?

Virado pra Lua

Fazia um curso sobre a Lua. A professora explicava o conceito de progressão astrológica e como isso se manifesta no Tarô, na leitura conhecida como Roda Astrológica, na análise dos filhos dos consulentes.

Comentei que havia aprendido de uma outra maneira. Imediatamente ela afirmou que quem me havia ensinado não entendia nada de Astrologia. Respondi que não era bem assim, que a pessoa possuía conhecimentos básicos de Astrologia e era professora de Tarô e Baralho Cigano, dentre tantas técnicas. Argumentei que assim como há cartas "trocadas" em diversos Tarôs (Por exemplo, no de Marselha "A Justiça" é a carta VIII, enquanto a "A Força" é a carta XI; no de Waite isso se inverte.), e como as tradições adaptam-se com o tempo, conceitos se perdem, se transformam etc., havia toda uma técnica, uma egrégora trabalhando as análises dos filhos de outra maneira, sem seguir à risca a progressão astrológica, cujo resultado sempre era positivo, conforme os consulentes. A professora aceitou meio ressabiada o argumento.

Independentemente das atitudes de minha interlocutora, o que EU poderia ter feito para evitar confronto tão desgastante?

Na realidade, nesse caso, não houve confronto desse tipo. Para mim, o mais desgastante foi o fato de eu ter indicado a professora para escrever um trabalho sob encomenda, explicando-lhe para ficar atenta às cláusulas do contrato, pois eu havia conseguido, naquela editora, uma série de vantagens para os escritores.

Ela argumentou que, caso cedesse os direitos definitivamente por valor irrisório não haveria problemas, pois o importante era ajudar as pessoas. Respondi que o grande "ajudado" seria o editor, pois cada título venderia milhares de exemplares sem que o autor recebesse por isso. Ela me disse que tinha facilidade de escrever, que, se escrevesse esse livro, poderia fazer outros. Respondi que não se tratava disso (Na época eu já havia escrito mais de 10 livros, publicado alguns e trabalhava em outros tantos inéditos.), mas de direitos conquistados depois de muita negociação etc. Parei de argumentar e passei a ter cuidado redobrado para novas parcerias e indicações.

Como não existe guerra santa (nem grito santo, nem agressão santa etc.), agradeço ao Universo por me ensinar sempre sobre diálogo, respeito e convivência com a diversidade. O Universo ensina: uma hora aprendo!

Quimbanda e Quiumbanda

Quimbanda

A Esquerda também é conhecida como Quimbanda, o que não dever ser confundido com Quiumbanda, isto é, trabalho de quiumbas, espíritos de vibrações deletérias, que não são os Exus e Pomba-giras trabalhadores da Umbanda e/ou Guardiões de outras tradições religiosas e/ou espirituais. Para diferenciá-los, muitos preferem chamar os Exus e as Pomba-giras de Umbanda de "Exus batizados".

Essa classificação compreende os seguintes níveis:

- Exu Pagão. Não sabe distinguir o Bem do Mal; contratado para alguma ação maléfica, se apanhado e punido, volta-se contra quem lhe encomendou e pagou o trabalho.
- Exu Batizado. Diferenciam o Bem do Mal, praticam ambos conscientemente e estão a serviço das Entidades, evoluindo na prática do bem, contudo conservando suas forças de cobrança; para muitos, contudo, os Exus Batizados são aqueles que só trabalham para a Luz, agindo em nome dos Orixás e Guias.
- Exu Coroado. Por mérito e evolução, podem apresentar-se como elementos da Direita.

Note-se que o vocábulo português "pagão", em sua origem, não tem a acepção negativa de "não-cristão", mas "aquele que vem do campo" (Nesse contexto, a Wicca se denomina orgulhosamente religião pagã.).

Quiumbanda

Prática maléfica, associada a quiumbas. No cotidiano, o termo é confundindo com Quimbanda/Esquerda, gerando confusão.

Agô

Agô é palavra de origem iorubana que significa tanto pedido de perdão como pedido de licença. Corresponde mais ou menos ao nosso *desculpe* (Pedido de perdão: "Desculpe-me por algo.". Pedido de licença: "Desculpe, posso lhe falar um pouquinho?".).

Aqui, AGO aparece como a sigla de três posturas esperadas numa Casa de Santo: Amor, Gratidão e Orgulho.

Vejamos:

> **AMOR** – Onde existe amor (aos Orixás, aos dirigentes, aos filhos, aos irmãos), não viceja o medo, a angústia, o temor. A compaixão, outro

sinônimo de amor, leva à compreensão, à empatia, à humildade, e não à humilhação.

▶ **GRATIDÃO** – A gratidão nos conecta diretamente com a verdade interior. Todas as experiências são preciosas. "Quando perder tudo, não perca a lição.", sugere o Dalai Lama. Mesmo as vivências extremamente difíceis nos ensinam muito. Compreender isso não representa masoquismo, e sim gratidão.

▶ **ORGULHO–** A vaidade nos enfraquece, nos faz vivenciar um falso eu (Sou o mais dedicado da casa; as contas das minhas guias são as mais bonitas do terreiro; ninguém canta como eu; os outros não sabem tanto de doutrina como eu etc.). Já o orgulho, quando não sintonizado com a vaidade, é sinônimo de coragem e determinação (Carrego meus Orixás no peito; vivencio minha religião com a cabeça erguida, aceitando a todos e sem humilhar os que tentam me humilhar etc.).

Portanto, quando pedir *agô* (como perdão, licença ou ambos), experimente também vivenciar e oferecer AGO.

Saudações

Em ordem alfabética, algumas saudações e/ou pedidos de bênção. Grafias e mesmo significados possuem variações. Os usos variam ainda conforme as Nações, e do Candomblé para a Umbanda. Nesse sentido, há uma célebre saudação que unifica e representa a diversidade: "A benção pra quem é de benção, colofé pra quem é de colofé, mucuiú pra quem é de mucuiú e motumbá pra quem é de motumbá!".

Axé   Saudação genérica entre o povo-de-santo, evocando a força que assegura o dinamismo da vida, isto é, o Axé.

Bênção	Saudação genérica, utilizada nas diversas Nações.
Colofé	Saudação mais comum na Nação Jeje. Como complemento, tem-se "Colofé lorum".
Motumbá	Saudação mais comum na Nação Ketu. Do iorubá "mo túmba", com o sentido de "eu o saúdo humildemente". Como complemento, tem-se "Motumbá Axé".
Mucuiú	Variante de Mocoiú. Saudação mais comum na Nação Angola. Do quicongo "mu-kuyu" com o sentido de espírito. A saudação ritual completa-se com "Mucuiú nu Zâmbi".
Salve	Saudação genérica, utilizada nas diversas Nações.
Saravá	Saudação mais comum da Umbanda, como sinônimo de "salve!". Trata-se do resultado da bantuização do português "salvar", "saudar".

A esquerda na Umbanda
....

Na Umbanda, em vez de se cultuar diretamente o Orixá Exu, é mais comum o culto aos Exus e às Pombogiras, trabalhadores da chamada Esquerda, oposto complementar da Direita.

Ao longo da História, o conceito de esquerdo/esquerda foi de exclusão e incompreensão. Alguns exemplos: pessoas canhotas eram vistas sob suspeitas aos olhos de parte do clero e da população da Idade Média; em francês, esquerdo/esquerda é *gauche*, que também significa atrapalhado, destoante; em italiano, esquerdo/esquerda é *sinistro/sinistra*, o que nos lembra algo obscuro.

    Incompreendidos e temidos, Exus e Pombogiras vítimas da ingratidão e da intolerância, não apenas de religiões que não dialogam e discriminam a Umbanda e o Candomblé, mas, infelizmente nessas próprias religiões: há mais-velhos do Candomblé que ainda chama Exus de "escravos" ou "diabos", enquanto alguns umbandistas afirmam "não quererem nada com Exu".

    Em linhas gerais, costuma-se, por exemplo, valorizar o médico, e não o lixeiro. Contudo, ambos os profissionais são extremamente importantes para a manutenção da saúde de cada indivíduo e da coletividade. Em termos espirituais, a Esquerda faz o trabalho mais pesado de desmanches de demandas, de policiamento e proteção de templos (portanto, toda casa de oração tem os seus Exus), de limpeza energética, enfim. No anonimato, sob nomes genéricos e referentes à linha de atuação, aos Orixás para os quais trabalham, Exus e Pombogiras são médicos, conselheiros, psicólogos, protetores, exercendo múltiplas funções que podem ser resumidas numa palavra: Guardiões.

Se em pinturas mediúnicas, Exus e Pombogiras apresentam-se com imagens e fisionomias "normais", por que as estatuetas que os representam parecem, aos olhos do senso comum, associá-los ainda mais ao Diabo cristão? Por três razões básicas:

a) Os símbolos de Exu pertencem a uma cultura diversa do universo cristão. Nela, por exemplo, a sexualidade não se associa ao pecado e, portanto, símbolos fálicos são mais evidentes, ligados tanto ao prazer quanto à fertilidade, enquanto o tridente representa os caminhos, e não algo infernal. O mesmo pode-se dizer, por exemplo, do dragão presente nas imagens de São Miguel e São Jorge: enquanto no Ocidente cristão representa o mal, em várias culturas do Oriente o dragão é símbolo de fogo e força espirituais.

b) A área de atuação de Exus e Pombogiras solicita elementos tais quais os utilizados por eles (capas, bastões etc.) ou que os simbolizam (caveiras, fogo etc.), vibrações cromáticas específicas (vermelho e preto) e outros.

c) Do ponto de vista histórico e cultural, quando as comunidades que cultuavam Orixás perceberam, além da segregação, o temor daqueles que os discriminavam, assumiram conscientemente a relação entre Exu e o Diabo cristão, assim representando-o, como mecanismo de afastar de seus locais de encontro e liturgia todo aquele que pudesse prejudicar suas manifestações religiosas. Nesse sentido, muitos dos nomes e pontos cantados de Exu, do ponto de vista espiritual (energias e funções) e cultural-histórico são "infernais".

De modo bem simples, Exus e Pombogiras podem ser definidos como agentes da Luz nas trevas (do erro, da ignorância, da culpa, da maldade etc.).

Exus

Quando encarnados, geralmente tiveram vida difícil, como boêmios, prostitutas e/ou dançarinas de cabaré (caso de muitas Pombogiras), com experiências de violência, agressão, ódio, vingança. Conforme dito acima, são agentes da Luz atuando nas trevas. Praticando a caridade, executam a Lei de forma ordenada, sob a regência dos chefes e em nome dos Orixás. Devem ser tratados com respeito e carinho, e não com temor, à maneira como se tratam amigos.

Guardiões não apenas durante as giras e as consultas e atendimentos que dão nas giras de Esquerda, são os senhores do plano negativo ("negativo" não possui nenhuma conotação moral ou de desvalor), responsabilizam-se pelos espíritos caídos, sendo, ainda, cobradores dos carmas. Combatem o mal e estabilizam o astral na escuridão. Cortam demanda, desfazem trabalhos de magia negra, auxiliam em descarregos e desobsessões, encaminham espíritos com vibrações deletérias para a Luz ou para ambientes específicos do Astral Inferior, a fim de ser reabilitarem e seguirem a senda da evolução.

Sua roupa geralmente é preta e vermelha, podendo usar capas, bengalas, chapéus e instrumentos como punhais. Como soldados e policiais do Astral, utilizam uniformes apropriados para batalhas, diligências e outros. Suas emanações, quando necessário, são pesadas e intimidam. Em outras circunstâncias, apresentam-se de maneira elegante. Em outras palavras, sua roupagem fluídica depende de vários fatores, como evolução, função, missão, ambiente etc. Podem, ainda, assumir aspecto animalesco, grotesco, possuindo grande capacidade de alterar sua aparência.

Os Exus são alegres e brincalhões e, ao mesmo tempo, dão e exigem respeito. Honram sua palavra, buscam constantemente sua evolução. Guardiões, expõem-se a choques energéticos. Espíritos caridosos, trabalham principalmente em causas ligadas aos assuntos mais terrenos. Se aparentam dureza, franqueza e pouca emotividade, em outros momentos, conforme as circunstâncias, mostram-se amorosos e compassivos, afastando-se, porém, daqueles que visam a atrasar sua evolução. Suas gostosas gargalhadas não são apenas manifestações de alegria, mas também potentes mantras desagregadores de energias deletérias, emitidos com o intuito de equilibrar especialmente pessoas e ambientes.

É muito importante o consulente conhecer a casa que frequenta, para que não se confunda Exu e Pombogira com quiumbas. Pela lei de ação e reação, pedidos e comprometimentos feitos visando ao mal e desrespeitando o livre-arbítrio serão cobrados.

Quanto às casas, a fim de evitar consulentes desavisados, algumas optam por fazer giras de Esquerda fechadas, enquanto outras as fazem abertas, mas quase sempre com pequena preleção a respeito da Esquerda.

Exu Mirim

Os Exus Mirins compõem a Linha da Esquerda, apresentando-se como crianças ou adolescentes. São extrovertidos, brincalhões e trabalham com funções análogas às de Exus e Pombogiras. Utilizam-se dos elementos comuns à Linha da Esquerda (cores, fumo, álcool etc.).

Segundo alguns segmentos umbandistas, nunca encarnaram, enquanto outros sustentam que, à maneira de Exus e Pombogiras, tiveram difícil vivência encarnatória e hoje se utilizam de seus conhecimentos para promover a segurança, a proteção, o bem-estar.

Pombogiras

O termo Pombogira é uma corruptela de Bombojira, que, em terreiros bantos, significa Exu, vocábulo que, por sua vez, deriva do quicongo mpambu-a-nzila (em quimbundo, pambuanjila), com o significado de "encruzilhada".

Trabalham com o desejo, especialmente com o sexual, freando os exageros e deturpações sexuais dos seres humanos (encarnados ou desencarnados), direcionando-lhes a energia para aspectos construtivos. Algumas delas, em vida, estiveram ligadas a várias formas de desequilíbrio sexuais: pela Lei de Ação e Reação, praticando a caridade, evoluem e auxiliam outros seres à evolução.

Alegres, divertidas, simpáticas, conhecem a alma humana e suas intenções. Sensuais e equilibradas, descarregam pessoas e ambientes de energias viciadas. Gostam de dançar. Infelizmente, são bastante confundidas com quiumbas e consideradas responsáveis por amarrações de casais, separações e outros, quando, na verdade, seu trabalho é o de equilibrar as energias do desejo.

Exemplo: quando alguém é viciado em sexo (desequilíbrio), podem encaminhar circunstâncias para que a pessoa tenha verdadeira overdose de sexo, de modo a esgotá-la e poder trabalhá-la para o reequilíbrio.

Assim como os Exus de caráter masculino, as Pombas-giras são agentes cármicos da Lei.

Geralmente o senso comum associa as Pombogiras a prostitutas. Se muitas delas estão resgatando débitos relacionados à sexualidade, isso ocorre, contudo, não apenas por promiscuidade e pelas consequências energéticas e de fatos decorrentes da mesma, mas também pela abstinência sexual ideológica e religiosamente imposta, caso de muitas mulheres que professaram votos celibatários, mas foram grandes agressoras de crianças, pessoas amarguradas praguejando contra mulheres com vida sexual ativa etc.

Suas cores geralmente são vermelho e preto. Alguns nomes: Maria Molambo, Sete-Saias, Maria Padilha, Pombogira do Cruzeiro, Pombogira Rosa Caveira etc.

Umbanda

Vocábulo

Em linhas gerais, etimologicamente, Umbanda é vocábulo que decorre do Umbundo e do Quimbundo, línguas africanas, com o significado de "arte de curandeiro", "ciência médica", "medicina". O termo passou a designar, genericamente, o sistema religioso que, dentre outros aspectos, assimilou elementos religiosos afro-brasileiros ao espiritismo urbano (Kardecismo).

Quanto ao sentido espiritual e esotérico, Umbanda significa "luz divina" ou "conjunto das leis divinas". A magia branca praticada pela Umbanda remontaria, assim, a outras eras do planeta, sendo denominada pela palavra sagrada Aumpiram, transformada em Aumpram e, finalmente, Umbanda.

De qualquer maneira, houve quem tivesse anotado, durante a incorporação do Caboclo das Sete Encruzilhadas anunciando o nome da nova religião, o nome "Allabanda", substituído por "Aumbanda", em sânscrito, "Deus ao nosso lado" ou "o lado de Deus".

Religião

A Umbanda é uma religião constituída, com fundamentos, teologia própria, hierarquia, sacerdotes e sacramentos. Suas sessões são gratuitas, voltadas ao atendimento holístico (corpo, mente, espírito), à prática da caridade (fraterna, espiritual, material), sem proselitismo. Em sua liturgia e em seus trabalhos espirituais vale-se do uso dos quatro elementos básicos: fogo, terra, ar e água.

É muito interessante fazer o estudo comparativo da utilização dos elementos, tanto por encarnados como pela Espiritualidade, na Umbanda, no Candomblé, no Xamanismo, na Wicca, no Espiritismo (vide obra de André Luiz), na Liturgia Católica (leia-se o trabalho de Geoffrey Hodson, sacerdote católico liberal) etc.

Fundação

Este é um breve histórico do nascimento oficial da Umbanda, embora, antes da manifestação do Caboclo das Sete Encruzilhadas e do trabalho de Zélio Fernandino, houvesse atividades religiosas semelhantes ou próximas, no que se convencionou chamar de macumba.[1] No Astral, a Umbanda antecipa-se em muito ao ano de 1908, assim como diversos segmentos localizam sua origem terrena em civilizações e continentes que já desapareceram.

Zélio Fernandino de Moraes, um rapaz de 17 que se preparava para ingressar na Marinha, em 1908 começou a ter aquilo que a família, residente em Neves, no Rio de Janeiro, considerava ataques. Os supostos ataques colocavam o rapaz na postura de um velho, que parecia ter vivido em outra época e dizia coisas incompreensíveis para os familiares; noutros

---
1. O termo aqui não possui obviamente conotação negativa.

momentos, Zélio parecia uma espécie de felino que demonstrava conhecer bem a natureza.

Após minucioso exame, o médico da família aconselhou que fosse ele atendido por um padre, uma vez que considerava o rapaz possuído. Um familiar achou melhor levá-lo a um centro espírita, o que realmente aconteceu: no dia 15 de novembro, Zélio foi convidado a tomar assento à mesa da sessão da Federação Espírita de Niterói, presidida à época por José de Souza.

Tomado por força alheia à sua vontade e infringindo o regulamento que proibia qualquer membro de ausentar-se da mesa, Zélio levantou-se e declarou: "Aqui está faltando uma flor.".

Deixou a sala, foi até o jardim e voltou com uma flor, que colocou no centro da mesa, o que provocou alvoroço. Na sequência dos trabalhos, manifestaram-se nos médiuns espíritos apresentando-se como negros escravos e índios. O diretor dos trabalhos, então, alertou os espíritos sobre seu atraso espiritual, como se pensava comumente à época, e convidou-os a se retirarem. Novamente uma força tomou Zélio e advertiu: "Por que repelem a presença desses espíritos, se nem sequer se dignaram a ouvir suas mensagens? Será por causa de suas origens sociais e da cor?".

Durante o debate que se seguiu, procurou-se doutrinar o espírito, que demonstrava argumentação segura e sobriedade. Um médium vidente, então, lhe perguntou: "Por que o irmão fala nestes termos, pretendendo que a direção aceite a manifestação de espíritos que, pelo grau de cultura que tiveram, quando encarnados, são claramente atrasados? Por que fala deste modo, se estou vendo que me dirijo neste momento a um jesuíta e a sua veste branca reflete uma aura de luz? E qual o seu nome, irmão?".

Ao que o interpelado respondeu: "Se querem um nome, que seja este: sou o Caboclo das Sete Encruzilhadas, porque para mim, não haverá caminhos fechados. O que você vê em mim, são restos de uma existência anterior. Fui padre e o meu nome era Gabriel Malagrida. Acusado de bruxaria, fui sacrificado na fogueira da Inquisição em Lisboa, no ano de 1761. Mas em minha última existência física, Deus concedeu-me o privilégio de nascer como caboclo brasileiro.".

A respeito da missão que trazia da Espiritualidade, anunciou: "Se julgam atrasados os espíritos de pretos e índios, devo dizer que amanhã estarei na casa de meu aparelho, às 20 horas, para dar início a um culto em que estes irmãos poderão dar suas mensagens e, assim, cumprir a missão que o Plano Espiritual lhes confiou. Será uma religião que falará aos humildes, simbolizando a igualdade que deve existir entre todos os irmãos, encarnados e desencarnados.".

Com ironia, o médium vidente perguntou-lhe: "Julga o irmão que alguém irá assistir a seu culto?".

O Caboclo das Sete Encruzilhadas lhe respondeu: "Cada colina de Niterói atuará como porta-voz, anunciando o culto que amanhã iniciarei.". E concluiu: "Deus, em sua infinita Bondade, estabeleceu na morte o grande nivelador universal, rico ou pobre, poderoso ou humilde, todos se tornariam iguais na morte, mas vocês, homens preconceituosos, não contentes em estabelecer diferenças entre os vivos, procuram levar essas mesmas diferenças até mesmo além da barreira da morte. Por que não podem nos visitar esses humildes trabalhadores do espaço, se apesar de não haverem sido pessoas socialmente importantes na Terra, também trazem importantes mensagens do além?".

No dia seguinte, 16 de novembro, na casa da família de Zélio, à rua Floriano Peixoto, 30, perto das 20 horas, estavam os parentes mais próximos, amigos, vizinhos, membros da Federação Espírita e, fora da casa, uma multidão.

Às 20 horas manifestou-se o Caboclo das Sete Encruzilhadas e declarou o início do novo culto, no qual os espíritos de velhos escravos, que não encontravam campo de atuação em outros cultos africanistas, bem como de indígenas nativos do Brasil trabalhariam em prol dos irmãos encarnados, independentemente de cor, raça, condição social e credo. No novo culto, encarnados e desencarnados atuariam motivados por princípios evangélicos e pela prática da caridade.

O Caboclo das Sete Encruzilhadas também estabeleceu as normas do novo culto: as sessões seriam das 20 horas às 22 horas, com atendimento gratuito e os participantes uniformizados de branco. Quanto ao nome, seria Umbanda: Manifestação do Espírito para a Caridade. A casa que se fundava teria o nome de Nossa Senhora da Piedade, inspirada em Maria, que recebeu os filhos nos braços. Assim a casa receberia todo aquele que necessitasse de ajuda e conforto.

Após ditar as normas, o Caboclo respondeu a perguntas em latim e alemão formuladas por sacerdotes ali presentes. Iniciaram-se, assim, os atendimentos, com diversas curas, inclusive a de um paralítico.

No mesmo dia, manifestou-se em Zélio um Preto-Velho chamado Pai Antônio, o mesmo que havia sido considerado efeito da suposta loucura do médium. Com humildade e aparente timidez, recusava-se a sentar-se à mesa, com os presentes, argumentando: "Nego num senta não, meu sinhô, nego fica aqui mesmo. Isso é coisa de sinhô branco e nego deve arrespeitá.". Após insistência dos presentes, respondeu: "Num carece preocupá, não. Nego fica no toco, que é lugá de nego.".[2]

Continuou com palavras de humildade, quando alguém lhe perguntou se sentia falta de algo que havia deixado na Terra, ele respondeu: "Minha cachimba. Nego qué o pito que deixou no toco. Manda mureque buscá.". Solicitava, assim, pela primeira vez, um dos instrumentos de trabalho da nova religião. Também foi o primeiro a solicitar uma guia, até hoje usada

---

[2]. Certamente trata-se de um convite à humildade, e não de submissão e dominação racial.

pelos membros da Tenda, conhecida carinhosamente como Guia de Pai Antônio.

No dia seguinte houve verdadeira romaria à casa da família de Zélio. Enfermos encontravam a cura, todos se sentiam confortados, médiuns até então considerados loucos encontravam terreno para desenvolver os dons mediúnicos.

O Caboclo das Sete Encruzilhadas dedicou-se, então, a esclarecer e divulgar a Umbanda, auxiliado diretamente por Pai Antônio e pelo Caboclo Orixá Malê, experiente na anulação de trabalhos de baixa magia. No ano de 1918, o Caboclo das Sete Encruzilhadas recebeu ordens da Espiritualidade para fundar sete tendas, assim denominadas: Tenda Espírita Nossa Senhora da Guia, Tenda Espírita Nossa Senhora da Conceição, Tenda Espírita Santa Bárbara, Tenda Espírita São Pedro, Tenda Espírita Oxalá, Tenda Espírita São Jorge e Tenda Espírita São Jerônimo. Durante a encarnação de Zélio, a partir dessas primeiras tendas, foram fundadas outras 10.000.

Mesmo não seguindo a carreira militar, pois o exercício da mediunidade não lhe permitiu, Zélio nunca fez da missão espiritual uma profissão. Pelo contrário, chegava a contribuir financeiramente, com parte do salário, para as tendas fundadas pelo Caboclo das Sete Encruzilhadas, além de auxiliar os que se albergavam em sua casa. Também pelo conselho do Caboclo, não aceitava cheques e presentes.

Por determinação do Caboclo, a ritualística era simples: cânticos baixos e harmoniosos, sem palmas ou atabaques, sem adereços para a vestimenta branca e, sobretudo, sem corte (sacrifício de animais). A preparação do médium pautava-se pelo conhecimento da doutrina, com base no Evangelho, banhos de ervas, amacis e concentração nos pontos da natureza.

Com o tempo e a diversidade ritualística, outros elementos foram incorporados ao culto, no que tange ao toque, canto e palmas, às vestimentas e mesmo a casos de sacerdotes umbandistas que passaram a dedicar-se integralmente ao culto, cobrando, por exemplo, pelo jogo de búzios onde o mesmo é praticado, porém sem nunca deixar de atender àqueles que não podem pagar pelas consultas. Mas as sessões permanecem públicas e gratuitas, pautadas pela caridade, pela doação dos médiuns. Também algumas casas, por influência dos Cultos de Nação, praticam o corte; contudo essa é uma das maiores diferenças entre a Umbanda dita tradicional e as casas que se utilizam de tal prática.

Depois de 55 anos à frente da Tenda Nossa Senhora da Piedade, Zélio passou a direção para as filhas Zélia e Zilméa, continuando, porém, a trabalhar juntamente com sua esposa, Isabel (médium do Caboclo Roxo), na Cabana de Pai Antônio, em Boca do Mato, em Cachoeira de Macacu, no Rio de Janeiro.

Zélio Fernandino de Moraes faleceu no dia 03 de outubro de 1975, após 66 anos dedicados à Umbanda, que muito lhe agradece.

Pelo fato de ter nascido em solo brasileiro e ser caracteristicamente sincrética. Obviamente a Umbanda não é a única religião a nascer no Brasil. O próprio Candomblé, tal qual o conhecemos, nasceu no Brasil, e não em África, uma vez que naquele continente o culto aos Orixás era segmentado por regiões (cada região e, portanto, famílias/clãs cultuavam determinado Orixá ou apenas alguns). No Brasil os Orixás tiveram seus cultos reunidos em terreiros, com variações, evidentemente, assim como com interpenetrações teológicas e litúrgicas das diversas nações.

Candomblé

Candomblé é um nome genérico que agrupa o culto aos Orixás jeje-nagô, bem como outras formas que dele derivam ou com eles se interpenetram, as quais se espraiam em diversas nações.

Trata-se de uma religião constituída, com teologia e rituais próprios, que cultua um poder supremo, cujo poder e alcance se faz espiritualmente mais visível por meio dos Orixás. Sua base é formada por diversas tradições religiosas africanas, destacando-se as da região do Golfo da Guiné, desenvolvendo-se no Brasil a partir da Bahia.

O Candomblé não faz proselitismo e valoriza a ancestralidade, tanto por razões históricas (antepassados africanos) quanto espirituais (filiação aos Orixás, cujas características se fazem conhecer por seus mitos e por antepassados históricos ou semi-históricos divinizados).

Embora ainda discriminado pelo senso comum e atacado por diversas denominações religiosas que o associam à chamada baixa magia, o Candomblé tem cada vez mais reconhecida sua influência em diversos setores da vida social brasileira, dentre outros, a música (percussão, toques, base musical etc.), a culinária (pratos da cozinha-de-santo que migraram para restaurantes e para as mesas das famílias brasileiras) e a medicina popular (fitoterapia e outros).

O Candomblé não existia em África tal qual o conhecemos, uma vez que naquele continente o culto aos Orixás era segmentado por regiões (Cada região e, portanto, famílias/clãs cultuavam determinado Orixá ou apenas alguns.).

No Brasil os Orixás tiveram seus cultos reunidos em terreiros, com variações, evidentemente, assim como com interpenetrações teológicas e litúrgicas das diversas nações.

Embora haja farta bibliografia a respeito do Candomblé, e muitas de suas festas sejam públicas e abertas a não iniciados, trata-se de uma religião iniciática, com ensino-aprendizagem pautado pela oralidade, com conteúdo exotérico (de domínio público) e esotérico (segredos os mais diversos transmitidos apenas aos iniciados).

Conforme sintetiza Vivaldo da Costa Lima,

a filiação nos grupos de candomblé é, a rigor, voluntária, mas nem por isso deixa de obedecer aos padrões mais ou menos institucionalizados das formas de apelo que determinam a decisão das pessoas de ingressarem, formalmente num terreiro de candomblé, através dos ritos de iniciação. Essas formas de chamamento religioso se enquadram no universo mental das classes e estratos de classes de que provém a maioria dos adeptos do candomblé, e são, geralmente, interpretações de sinais que emergem dos sistemas simbólicos culturalmente postulados. Sendo um sistema religioso – portanto uma forma de relação expressiva e unilateral com o mundo sobrenatural – o candomblé, como qualquer outra religião iniciática, provê a circunstância em que o crente poderá, satisfazendo suas emoções e suas outras necessidades existenciais, situar-se plenamente num grupo socialmente reconhecido e aceito, que lhe garantirá status e segurança – que esta parece ser uma das funções principais dos grupos de candomblé

– dar a seus participantes um sentido para a vida e um sentimento de segurança e proteção contra 'os sofrimentos de um mundo incerto'.

Formação

O Culto aos Orixás, pelos africanos no Brasil, tem uma longa história de resistência e sincretismo. Impedidos de cultuar os Orixás, valiam-se de imagens e referências católicas para manter viva a sua fé. Por sua vez, a combinação de cultos que deu origem ao Candomblé, deveu-se ao fato de serem agregados numa mesma propriedade (e, portanto, na mesma senzala), escravos provenientes de diversas nações, com línguas e costumes diferentes, certamente uma estratégia dos senhores brancos para evitar revoltas, além de uma tentativa de fomentar rivalidades entre os próprios africanos. Vale lembrar que em África o culto aos Orixás era segmentado por regiões: cada região cultuava determinado Orixá ou apenas alguns.

Em 1830, algumas mulheres originárias de Ketu, na Nigéria, filiadas à irmandade de Nossa Senhora da Boa Morte, reuniram-se para estabelecer uma forma

Umbanda – Um caminho para a espiritualidade

de culto que preservasse as tradições africanas em solo brasileiro. Reza a tradição e documentos históricos que a reunião aconteceu na antiga Ladeira do Bercô (hoje, Rua Visconde de Itaparica), nas proximidades da Igreja da Barroquinha, em Salvador (BA). Nesse grupo, e com o auxílio do africano Baba-Asiká, destacou-se Íyànàssó Kalá ou Oká (Iya Nassô). Seu òrúnkó no Orixá (nome iniciático) era Íyàmagbó-Olódùmarè.

Para conseguir seu intento, essas mulheres buscaram fundir aspectos diversos de mitologias e liturgias, por exemplo. Uma vez distantes da África, a Ìyá ìlú àiyé èmí (Mãe Pátria Terra da Vida), teriam de adaptar-se ao contexto local, não cultuando necessariamente apenas Orixás locais (caraterísticos de tribos, cidades e famílias específicos), em espaços amplos, como a floresta, cenário de muitas iniciações, porém num espaço previamente estabelecido: a casa de culto. Nessa reprodução em miniatura da África, os Orixás seriam cultuados em conjunto. Nascia o Candomblé.

Ao mesmo tempo em que designava as reuniões feitas por escravos com o intuito de louvar os Orixás, a palavra Candomblé também era empregada para toda e qualquer reunião ou festa organizada pelos negros no Brasil. Por essa razão, antigos Babás e Iyas evitavam chamar o culto aos Orixás de Candomblé. Em linhas gerais, Candomblé seria uma corruptela de "candonbé" (atabaque tocado pelos negros de Angola) ou viria de "candonbidé" (louvar ou pedir por alguém ou por algo).

Cada grupo com características próprias teológicas, linguísticas e de culto (embora muitas vezes se interpenetrem) ficou conhecido como nação:

- Nação Ketu;
- Nação Angola;
- Nação Jeje;
- Nação Nagô;
- Nação Congo;
- Nação Muxicongo;
- Nação Efon.

Constituída por grupos que falavam iorubá, dentre eles os de Oyó, Abeokutá, Ijexá, Ebá e Benim, a Nação Ketu também é conhecida como Alaketu.

Os iorubás, guerreando com os jejes, em África, perderam e foram escravizados, vindo mais adiante para o Brasil. Maltratados, foram chamados pelos fons de ànagô (dentre várias acepções, piolhentos, sujos). O termo, com o tempo, modificou-se para nàgó e foi incorporado pelos próprios iorubás como marca de origem e de forma de culto. Em sentido estrito, não há uma nação política chamada nagô.

Em linhas gerais, os Candomblés dos estados da Bahia e do Rio de Janeiro ficaram conhecidos como de Nação Ketu, com raízes iorubanas. Entretanto, existem variações em cada nação. No caso do Ketu, por exemplo, destacam-se a Nação Efan e a Nação Ijexá. Efan é uma cidade da região de Ijexá, nas proximidades de Oxogbô e do rio Oxum, na Nigéria. A Nação Ijexá é conhecida pela posição de destaque que nela possui o Orixá Oxum, sua rainha.

No caso do Candomblé Jeje, por exemplo, uma variação é o Jeje Mahin, sendo Mahin uma tribo que havia nas proximidades da cidade de Ketu. Quanto às Nações Angola e Congo, seus Candomblés se desenvolveram a partir dos cultos de escravos provenientes dessas regiões africanas.

De fato, a variação e o cruzamento de elementos de Nações não são estanques, como demonstram o

Candomblé Nagô-Vodum (o qual sintetiza costumes iorubás e jeje) e o Alaketu (de nação iorubá, também da região de Ketu, tendo como ancestrais da casa Otampé, Ojaró e Odé Akobí).

Primeiros terreiros

A primeira organização de culto aos Orixás foi a da Barroquinha (Salvador, BA), em 1830, semente do Ilê Axé Iya Nassô Oká, uma vez que foi capitaneado pela própria Iya Nassô, filha de uma escrava liberta que retornou à África. Posteriormente foi transferido para o Engenho Velho, onde ficou conhecido como Casa Branca ou Engenho Velho. Ainda no século XIX, dele originou-se o Candomblé do Gantois e, mais adiante, o Ilê Axé Opô Afonjá.

Entre 1797 e 1818, Nan Agotimé, rainha-mãe de Abomé, teria trazido o culto dos Voduns jejes para a Bahia, levando-os a seguir para São Luís, MA. Traços da presença daomeana teriam permanecido no Bogum, antigo terreiro jeje de Salvador, o qual ostenta, ainda, o vocábulo "malê", bastante curioso, uma vez que o termo refere-se ao negro do Islã. Antes mesmo do Bogum há registros de um terreiro jeje, em 1829, no bairro hoje conhecido como Acupe de Brotas.

Tumbensi é a casa de Angola considerada a mais antiga da Bahia, fundada por Roberto Barros Reis (dijina: Tata Kimbanda Kinunga) por volta de 1850, escravo angolano de propriedade da família Barros Reis, que lhe emprestou o nome pelo qual era conhecido. Após seu falecimento, a casa (inzo) passou à liderança de Maria Genoveva do Bonfim, mais conhecida como Maria Neném (dijina: Mam'etu Tuenda UnZambi) gaúcha, filha de Kavungo, considerada a mais importante sacerdotisa do Candomblé Angola. Ela assumiu a chefia da casa por volta dos anos 1909, vindo a falecer em 1945.

Já o Tumba Junçara foi fundado, em 1919 em Acupe, na Rua Campo Grande, Santo Amaro da Purificação (BA) por dois irmãos de esteira: Manoel Rodrigues do Nascimento (dijina: Kambambe) e Manoel Ciriaco de Jesus (dijina: Ludyamungongo), ambos iniciados em 13 de junho de 1910 por Mam'etu Tuenda UnZambi, Mam'etu Riá N'Kisi do Tumbensi.

Kambambe e Ludyamungongo tiveram Sinhá Badá como mãe-pequena e Tio Joaquim como Pai Pequeno.

    O Tumba Junçara foi transferido para Pitanga, também em Santo Amaro da Purificação, e posteriormente para o Beiru. A seguir foi novamente transferido para a Ladeira do Pepino, 70, e finalmente para Ladeira da Vila América, 2, Travessa 30, Avenida Vasco da Gama (que hoje se chama Vila Colombina), 30, em Vasco da Gama, Salvador (BA). E assim a raiz foi-se espalhando.

    O histórico das primeiras casas de Candomblé e outras formas de culto marginalizadas pelo poder constituído (Estado, classes economicamente dominantes, Igreja etc.), como a Umbanda no século XX, assemelha-se pela resistência à repressão institucionalizada e ao preconceito.

Orin Opé
. . . .

Mo Sun Layó
Mo Ji Layó
Mo Fogo Folorun
Mo Ji Layó
Babá MoDupé Ó

Eu durmo com alegria
Eu acordo com alegria
Eu glorifico (o dia) para Olorum
Eu acordo feliz
Pai, eu te agradeço

Orin Opé me foi passado por um amigo, bispo anglicano com muitos anos de Santo e mão-de-jogo, o qual, até onde sei, viveu as duas religiões, os dois cultos, não de maneira esquizofrênica, mas dialógica, complementar. Se alguém achar estranho, peço que abra amorosamente o coração para ao menos compreender a realidade do outro. Se alguém realmente não gostar, vá se queixar ao bispo!

Corte
(sacrifício ritual)

Na Umbanda, em cuja fundamentação não existe o corte, embora diversas casas dele se utilizem, por influência dos Cultos de Nação, os elementos animais, quando utilizados (Há casas que não os utilizam nem mesmo nas chamadas entregas aos Orixás.), crus ou preparados na cozinha, provêm diretamente dos açougues. No primeiro caso, usam-se, por exemplo, língua de vaca, sebo de carneiro (Por vezes confundido com e/ou substituído por manteiga de carité.), miúdos etc. No segundo, nas palavras de Rubens Saraceni,

(...) Mas só se dá o que se come em casa e no dia a dia. Portanto, não há nada de errado porque a razão de ter de colocar um prato com alguma comida 'caseira' se justifica na cura de doenças intratáveis pela medicina tradicional, causadas por eguns e por algumas forças negativas da natureza. (...) Observem que mesmo os Exus da Umbanda só pedem em suas oferendas partes de aves e de animais adquiridos do comércio regular, porque já foram resfriados e tiveram decantadas suas energias vitais (vivas), só lhes restando proteínas, lipídios etc., que são matéria.

Os animais criados em terreiros de Candomblé para o corte são muito mais bem cuidados e respeitados do que aqueles criados enjaulados, com alimentação inadequada para engordar etc. O animal, para o corte, não pode sofrer. Algumas partes são utilizadas para rituais, as demais são consumidas como alimento pela comunidade e pelo entorno.

Há casas de Candomblé que não cortam, cortam pouco ou se utilizam, como na Umbanda, de elementos animais comprados no comércio (algumas casas de Ketu com esse procedimentos são chamadas de Ketu frio em contraposição às de Ketu quente, ou seja, as que cortam). Todas as casas sérias precisam ser respeitadas, pois seus fundamentos são estabelecidos com a Espiritualidade, adaptados ou não. Fundamento é fundamento, diferente de modismos. Por outro lado, há casas que cortam demais, que se vangloriam do número de animais cortados. Contudo, não é a quantidade que faz uma ceia sagrada e comunal saborosa, mas a qualidade do alimento, o preparo com amor etc.

Nesse contexto, despontou o chamado Candomblé Vegetariano, modalidade com fundamentos adaptados para o vegetarianismo capitaneada por Iya Senzaruban (Ile Iya Tunde). Difere do chamado Ketu frio, onde se utilizam elementos animais, mas sem o corte. Embora diversas casas, ao longo de sua história, tenham extinguido o corte de seus fundamentos, a casa de Iya Senzaruban e as de seus filhos ganharam notoriedade, inclusive pelo número de críticas feitas pela parcela do Povo de Santo que se posiciona totalmente contrária à abolição do corte no Candomblé.

Com relação ao corte, diálogo, respeito e compreensão são fundamentais para que todos se sintam irmanados, cada qual com sua individualidade e seus fundamentos. Diferenças não precisam ser necessariamente divergências.

Além do sangue propriamente dito (ejé, menga, axorô), importante no Candomblé para a movimentação do Axé, há outros elementos também conhecidos como sangue (vermelho, branco e preto), associados aos reinos animal, vegetal e mineral. Todos são importantíssimos condensadores energéticos, o que não significa que todos sejam usados no dia a dia dos terreiros. É importante perceber que estão em toda parte, nos chamados três reinos, movimentando Axé.

Sangue Vermelho

Reino animal   Sangue propriamente dito.
Reino vegetal Epô (óleo de dendê), determinados vegetais, legumes e grãos, osun (pó vermelho), mel (sangue das flores) etc.
Reino mineral Cobre, bronze, otás (pedras) etc.

Sangue Branco

Reino animal   Sêmen, saliva, hálito plasma (em especial do ibi, tipo de caracol) etc.

Reino vegetal   Seiva, sumo, yierosun (pó claro), determinados vegetais, legumes e grãos etc.

Reino mineral   Sais, giz, prata, chumbo, otás etc.

Sangue Preto

Reino animal   Cinzas de animais.

Reino vegetal   Sumo escuro de determinadas plantas, waji (pó azul), carvão vegetal, determinados vegetais, legumes, grãos, frutos e raízes etc.

Reino mineral   Carvão, ferro, otás, areia, barro, terra etc.

Para legitimar a não utilização do corte na Umbanda, Míriam de Oxalá se vale dos estudos e de citação de Fernandez Portugal. Para a autora,

(...) *vale a pena citar de Fernandez Portugal, renomado escritor africanista, em seu livro* Rezas-Folhas-Chás e Rituais dos Orixás, *publicado pela Ediouro, o item 'Ossaiyn, O Senhor das Folhas': "Segundo a tradição yorubá, sem ejé e sem folhas não há culto ao Orixá, mas <u>pode-se iniciar um Orixá apenas utilizando-se folhas, pois existem folhas que substituem o Ejé</u>." O grifo é nosso e tais conceitos são, para nós umbandistas, bem conhecidos.*

Observe-se, noutro contexto, como ecoam tanto as palavras de Portugal quanto as de Miriam de Oxalá. Para Orlando J. Santos,

(...) *Para se fazer um EBÓ 'tudo que a boca come' é preciso ter esgotado todas as possibilidades de resolver o caso a partir das ervas: akasá, obi, orobô etc. Sabemos que: obi, orobô e certas folhas, quando oferecidos aos Orixás dentro do ritual, valem por um frango, cabrito, carneiro, Portanto, em muitos casos, substitui o EJÉ, 'sangue animal'.*

No Candomblé, por sua vez e ao contrário do que sustenta o senso comum, o qual associa a religião à "baixa magia", prefere-se a criação própria, mais integrada e ecológica. A respeito do aproveitamento do elemento animal em rituais e no cotidiano do Ilê, Iya Omindarewa afirma que

> *(...) Uma parte é oferecida ao Orixá, fica aos seus pés até o dia seguinte e depois é dividida entre as pessoas da comunidade. Essa carne é cozida e preparada num ritual muito absoluto, e é totalmente aproveitada. O restante é para alimentar o povo da festa, gente da casa e os vizinhos. Tem um sentido, nada é feito à toa. É oferecida ao animal uma folha; se ele não comer não será sacrificado, pois não foi aceito pelo Orixá.*

Mãe Stella de Oxóssi, quando perguntada se o século XXI corresponderia ao fim do uso de animais em rituais do Candomblé, responde:

> *(...) Mas neste século XXI o que mais tem é churrascaria! Mata-se o boi, a galinha e o*

carneiro para comermos. Só porque usamos animais em nossos rituais, ficam falando que deve acabar. O animal mais bem aproveitado é aquele que é morto nos rituais de Candomblé, porque se aproveita tudo: a carne, que alimenta muita gente, o couro (...).

Em síntese, nos rituais, o corte no Candomblé está associado à ceia comunal: come o Orixá e comem fiéis e convidados do mesmo prato. A base desse fundamento é a utilização do sangue (ejé, menga, axorô) para a movimentação do Axé, o que, aliás, não ocorre apenas em situações de ceia comunal, mas também em ebós, quando apenas os Orixás ou entidades comem.

Nas palavras de Iya Omindarewa,

Está na cabeça da gente que não se pode fazer o sacrifício, pegar energia de uma coisa viva e passar para outra. Admite-se comer um bom bife, uma galinha ou porco para alimentar o corpo. Mas não se admite captar a energia dos animais, das folhas, da Natureza toda para fortalecer sua cabeça. Isso não faz sentido; vamos andar descalços porque não se pode usar o couro? Não vamos comer folhas, milho, carne porque são da Natureza? E como o ser humano vai viver? A vida não é uma luta? Pega-se uma coisa pela outra e depois não retorna tudo para a terra? Isso tudo é uma grande bobagem. O sacrifício significa dar ao Orixá uma certa energia que ele devolve em troca. Tudo depende das ocasiões; não é durante toda a vida que vamos matar bichos, mas em grandes momentos, como nas Feituras, quando é necessário.

Homossexualidade

Por que há muitos homossexuais na Umbanda e no Candomblé?

Ao contrário do que comumente se pensa, a homossexualidade é uma orientação sexual do médium, não estando atrelada ao Orixá. Quem tem um Orixá dito metá metá (energia masculina e feminina), por exemplo, não será necessariamente homossexual ou bissexual.

Por sua vez, a forte presença de homossexuais, tanto masculinos quanto femininos, na Umbanda, no Candomblé (e, claro, em outras religiões) deve-se à acolhida, à compreensão e ao fato de não serem segregados, discriminados ou apontados, o que, além de falta de caridade denota infração a diversos direitos civis.

Como é o casamento na Umbanda e no Candomblé?

Enquanto religião constituída, a Umbanda oferece a bênção matrimonial, geralmente feita pelo Guia-chefe do terreiro ou outra Entidade com a qual trabalhe o dirigente espiritual da casa.

Mesmo em terreiros onde não se registram bênçãos para casais homossexuais, acolhem-se essas relações e, em nome do amor e dos direitos civis, exigem respeito para com os irmãos com essa orientação sexual. Entretanto, há casas onde o matrimônio é oferecido como sacramento tanto para casais homossexuais quanto heterossexuais.

Por que há casas de Umbanda em que médium masculino não incorpora entidade com energia feminina?

    Por uma questão de equilíbrio energético que não tem nada a ver com homossexualidade ou bissexualidade. Segundo orientações espirituais, a mulher suporta com precisão a energia dita feminina de Orixás, Guias e Guardiões. Já o homem tem um choque energético muito grande, que pode abalar sua emotividade. Contudo, tal abordagem em nada invalida a seriedade de casas onde médiuns masculinos incorporam Iabás ou Guias e Guardiões com energia feminina.

Por que temer a Umbanda?

Uma das bases do preconceito (talvez a mais visível) é a ignorância. Literal e etimologicamente, ignorar significa "não saber". O que não se conhece provoca medo. Nos campos da Espiritualidade e da Religião não deveria haver espaço para o medo, e sim para o respeito e o diálogo, seja interna ou externamente. No âmbito interno, cada vez mais se repensam responsabilidades e atitudes, a fim de se vivenciar a convivência fraterna e a autoridade, e não o autoritarismo e o bullying "espiritual". No âmbito externo, o diálogo inter-religioso se pauta tanto pela compreensão e pela caridade quanto pela consciência dos direitos individuais e civis.

Recebi de Mãe Nara de Oxum Ypondá um link muito interessante (http://rerumtemplaria-antiumbanda.blogspot.com). Se o reproduzo, é para suscitar o diálogo, e não para provocar polêmica ou arrivismo, o que seria contraditório com tudo o representam para mim Espiritualidade e Religião, além de negar o que escrevi no primeiro parágrafo deste texto.

Trata-se de uma associação para o que se chama de "sagrado extermínio de Umbandas", algo extremamente agressivo e pautado pela ignorância (não-saber) em relação aos Orixás, à Umbanda, ao Candomblé, à África, dentre outros. Ler esse manifesto fundamentalista num dia em que, em meio ao trabalho, pude ler parte de um texto tão amoroso de um dirigente espiritual de Umbanda do Sul do país, me fez pensar por que temer a Umbanda, se até os espíritos mais empedernidos (encarnados ou não) são aí recebidos com o coração aberto, ainda que com o senso de vigilância da Espiritualidade e dos médiuns bastante apurado. Resposta: ignorância (não-saber).

Mais do que nunca, deixa a gira girar!

Primitivo? É a mãe
....

Alguns detratores das Religiões de Matriz Africana (isto é, irmãos menos esclarecidos e com dificuldade de conviver com a diversidade que Deus permitiu florescesse neste planeta) dizem que somos primitivos.

E somos mesmo!

Primitivo é o que vem primeiro. Aqueles que cultuam os Orixás respeitam e reverenciam a um Ser Único e Supremo, bem como aos próprios Orixás e à Ancestralidade, ou seja, aos que vêm primeiro.

Quem cultua Orixá sabe que está no caminho do meio, pois o mais velho e o mais novo são primitivos, quer dizer, vêm antes.

Quem cultua Orixá sabe que os elementos da Natureza, do qual também é composto o ser humano, vêm primeiro, vêm antes. Em outras palavras: o ser humano não é o senhor absoluto da Natureza, mas parte dela.

Primitiva é a Mãe Natureza, que nutre cada filho e lhe empresta o corpo e tantos elementos para que possa evoluir neste planeta.

Eu sou primitivo e desejo que todos, cada qual a seu modo, também o sejam.

Axé!

Natal: o despertar do Cristo interior

Para Roger Bottini Paranhos

O Natal é uma data simbólica, fixada, que celebra o nascimento de Jesus, sua encarnação. Grosso modo, há os que o veem como o Unigênito, o Salvador, enquanto outros o concebem como um espírito evoluído, o qual, assim como nós, palmilhou as trilhas da evolução até chegar à mestria interior. Para os umbandistas, o Mestre se associa à Linha de Oxalá e, por vezes, confunde-se com esse Orixá.

Independentemente de religião ou tradição espiritual, o grande convite do Mestre, a cada celebração natalina, é para realmente deixarmos nascer em nós o Cristo interior, criança tão cheia de luz, capaz de transformar uma manjedoura em ponto de força espiritual. O alimento dessa criança? O amor.

Buscando uma vida plena (e não perfeita, já que a perfeição não é desse mundo), o amor é a medida. Perdoar a quem nos ofende, por exemplo, na medida e no tempo de cada um e embora a convivência nem sempre seja possível, é amar a si mesmo, não apenas ao outro. Afinal, guardar rancor ou mágoa de alguém, nada mais é do que dar poder para que outros governem nossas vidas. Desapego (e não indiferença) libera, torna a vida mais leve. Se alguém não entende um gesto de amor e carinho, desapegue-se, deixe o outro ir, transforme a si mesmo, pelo desapego, em vez de tentar transformar o outro, forçando-o a entender você. O Cristo interior vai se fortalecer, sua manjedoura interna certamente vai ficar mais confortável para ele.

Como disse Guilherme Arantes "(...) Ninguém é o centro do universo/assim é maior o prazer". Amar o Cristo-menino interior não é mimá-lo, mas deixar que se desenvolva e seja, além de crístico, crítico. Crítico significa consciente, e não julgador, implacável, chato, redutor (Alguém que tente separar o mundo, por meio do dedo-fálico-em-riste, em dois: aquele que está "certo", isto é, que se pauta por "meus" valores, e o errado, o que se conduz pelos valores "dos outros".). Rigidez é coisa de cadáver: o menino Jesus está aí, flexível e brincalhão. Ele sabe brincar de viver, como sugere o título da canção de Guilherme Arantes. E, quando adulto, dirá: "Deixe que os mortos enterrem seus mortos.". Desapego sempre.

O Natal, portanto, é um momento muito especial para autoaperfeiçoamento, por meio da alegria, partilha, comunhão, retrospectiva (Agradecer pelo que foi bom e perdoar/perdoar-se/pedir perdão pelo que não foi.). No verdadeiro Natal não há espaço para o sentimentalismo barato de quem explora e oprime o irmão nos outros dias (em nível social, afetivo etc.) e uma vez ao ano derrama lágrimas e olha o próximo como se "realmente" fosse seu irmão.

Podemos celebrar o Natal todos os dias, em qualquer lugar, em qualquer época da História, em qualquer planeta, qualquer cultura, uma vez que, pode haver Natal sem Jesus, mas não pode haver Natal sem Cristo.

O Cristo que habita em mim saúda o Cristo que habita em você!

Que o Menino Jesus nos ensine a brincar de viver!

Desejo um Feliz Natal aos que me amam e me desamam: todos são excelentes mestres em minha caminhada evolutiva! Beijos para todos e muito Axé!

O autor

Ademir Barbosa Júnior (Dermes) é autor de diversos livros e revistas especializadas, idealizador e um dos coordenadores do Fórum Municipal das Religiões Afro-brasileiras de Piracicaba.

Mestre em Literatura Brasileira pela Universidade de São Paulo, onde também se graduou em Letras, é autor de diversos livros. Mestre em Reiki, é tarólogo e numerólogo. Umbandista, é filho do Templo de Umbanda Caboclo Pena Branca e Mãe Nossa Senhora Aparecida, em Piracicaba (SP).

Terapeuta holístico, ex-seminarista salesiano, com vivência em casas espíritas, participa amorosamente do diálogo ecumênico e inter-religioso e mantém uma coluna sobre Espiritualidade no sítio Mundo Aruanda. Coordenador Cultural do "Projeto Tambores no Engenho", desenvolvido pela Federação de Umbanda e Candomblé Mãe Senhora Aparecida e pelo Templo de Umbanda Caboclo Pena Branca e Mãe Nossa Senhora Aparecida, acredita que a postura mais interessante na vida é a de aprendiz.

É membro da 1ª gestão do Conselho de Participação e Desenvolvimento da Comunidade Negra de Piracicaba, tendo participado da comissão responsável pela implementação do mesmo. Produziu os curtas-metragens "Águas da Oxum" (Adjá Produções/fora de catálogo); "Mãe dos Nove Céus" (Bom Olhado Produções), "Mãe dos Peixes, Rainha do Mar" (Bom Olhado Produções) e "Xangô" (Bom Olhado Produções). Coordena o curso virtual "Mídia e Religiosidade Afrobrasileira" (EAD Cobra Verde – Florianópolis – SC). Em 2012 recebeu o Troféu Abolição (Instituto Educacional Ginga – Limeira, SP). Em 2013, o Diploma Cultura de Paz – Categoria Diálogo Inter-religioso (Fundação Graça Muniz – Salvador, BA). É presidente da Associação Brasileira de Escritores Afro-religiosos – Abeafro.

Outras publicações

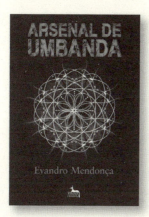

ARSENAL DE UMBANDA
Evandro Mendonça

O livro "Arsenal da Umbanda" e outros livros inspirados pelo médium Evandro Mendonça e seus mentores, visa resgatar a Umbanda no seu princípio básico, que é ligar o homem aos planos superiores. Atos saudáveis como o de acender uma vela ao santo de sua devoção, tomar um banho de descarga, levar um patuá para um Preto-Velho, benzer-se, estão sendo esquecidos nos dias de hoje, pois enquanto uns querem ensinar assuntos complexos, outros só querem saber de festas e notoriedade.

Umbanda é sabedoria, religião, ciência, luz emanada do alto, amor incondicional, crença na Divindade Maior. Umbanda é a própria vida.

Formato: 16 x 23 cm – 208 páginas
Papel: off set 75 grs

ORIXÁS – SEGURANÇAS, DEFESAS E FIRMEZAS
Evandro Mendonça

Caro leitor, esta é mais uma obra que tem apenas o humilde intuito de somar a nossa Religião Africana. Espero com ela poder compartilhar com meus irmãos e simpatizantes africanistas um pouco mais daquilo que vi, aprendi e escutei dos mais antigos Babalorixás, Yalorixás e Babalaôs, principalmente do meu Babalorixá Miguel da Oyá Bomí. São ensinamentos simples, antigos, porém repletos de fundamento e eficácia na Religião Africana; alguns até mesmo já esquecidos e não mais praticados nos terreiros devido ao modernismo dos novos Babalorixás e Yalorixás e suas vontades de mostrar luxúrias, coisas bonitas e fartas para impressionar os olhos alheios.

Formato: 16 x 23 cm – 192 páginas
Papel: off set 75 grs

Outras publicações

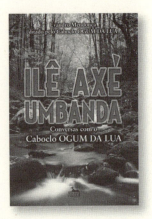

CIGANOS – MAGIAS DO PASSADO DE VOLTA AO PRESENTE

Evandro Mendonça

Na Magia, como em todo preceito espiritual e ritual cigano, para que cada um de nós tenha um bom êxito e consiga o que deseja, é fundamental que tenhamos fé, confiança e convicção. E, naturalmente, confiança nas forças que o executam. Para isso é fundamental que acreditemos nas possibilidades das coisas que queremos executar.

ILÊ AXÉ UMBANDA

Evandro Mendonça ditado pelo Caboclo Ogum da Lua

Filhos de Umbanda e meus irmãos em espíritos, como o tempo e o espaço são curtos, vou tentar resumir um pouco de cada assunto dos vários que eu gostaria muito de falar, independentemente da religião de cada um. Não são palavras bonitas e talves nem bem colocadas na ordem certa desta descrita, mas são palavras verdadeiras, que esse humilde Caboclo, portador de muita luz, gostaria de deixar para todos vocês, que estão nesse plano em busca da perfeição do espírito, refletirem.

Formato: 16 x 23 – 176 páginas
Papel: off set 75 grs

Formato: 16 x 23 – 136 páginas
Papel: off set 75 grs

EXU E SEUS ASSENTAMENTOS
Evandro Mendonça inspirado pelo Senhor Exu Marabô

Todos nós temos o nosso Exu individual. É ele quem executa as tarefas do nosso Orixá, abrindo e fechando tudo. É uma energia vital que não morre nunca, e ao ser potencializado aqui na Terra com assentamentos (ponto de força), passa a dirigir todos os caminhos de cada um de nós, procurando sempre destrancar e abrir o que estive fechado ou trancado.

POMBA-GIRA E SEUS ASSENTAMENTOS
Evandro Mendonça inspirado pela Senhora Pomba-Gira Maria Padilha

Pomba-Gira é uma energia poderosa e fortíssima. Atua em tudo e em todos, dia e noite. E as suas sete ponteiras colocadas no assentamento com as pontas para cima representam os sete caminhos da mulher. Juntas às outras ferramentas, ervas, sangue, se potencializam tornando os caminhos mais seguros de êxitos. Hoje é uma das entidades mais cultuadas dentro da religião de Umbanda. Vive na Terra, no meio das mulheres. Tanto que os pedidos e as oferendas das mulheres direcionadas à Pomba-Gira têm um retorno muito rápido, na maioria das vezes com sucesso absoluto.

Formato: 16 x 23 – 176 páginas
Papel: off set 75 grs

Formato: 16 x 23 – 176 páginas
Papel: off set 75 grs

> Duvidas, sugestões e esclarecimentos
> E-mail: ademirbarbosajunior@yahoo.com

Distribuição exclusiva

www.aquarolibooks.com.br